No se acaba nunca de nacer

José Mascaraque Díaz-Mingo

No se acaba
nunca de nacer

ONDINA
EDICIONES

COLECCIÓN **VERDEMAR**

ONDINA
EDICIONI

No se acaba nunca de nacer

© de la obra: Herederos de José Mascaraque Díaz-Mingo, 2024
© del poema *Donde la Mancha*: Francisco J. Castañón
© del poema *En la muerte de José Mascaraque:* Jorge Riechmann
© de la edición: Enter Servicios Informáticos, 2024

Imagen de cubierta: Nacimiento del río Cuervo

ISBN: 978-84-128499-2-9
Depósito legal: M-9119-2024

Impreso en España
Primera edición: abril 2024

A Azorín

Índice

Prólogo

Es difícil encontrar una imagen alegórica que representa mejor la idea de un prolongado nacer que el nacimiento de un río, cuyas aguas brotan sin interrupción mientras el manantial del que surgen sigue nutriendo e impulsando el caudal que, como el devenir de la vida, es transcurso y evolución hasta desembocar en el inevitable e ignoto territorio que se halla al final del trayecto. Aciaga evidencia que cada cual deberá afrontar, según su creer o entender, con esperanza o escepticismo.

Por ello, la escena del nacimiento de un río resulta adecuada para glosar e ilustrar en esta ocasión la edición del libro *No se acaba nunca de nacer*, último poemario que escribió el poeta José Mascaraque Díaz-Mingo, un espléndido título que alude al constante desenvolvimiento del ser humano desde que abandona la matriz materna. Progresión que es suma de vivencias, aprendizaje y en determinadas circunstancias necesaria renovación. Recorrido que, como suele suceder en el curso de un río, debe salvar obstáculos y tomar impulso en cada recodo. Nacer que *nunca se acaba*, pues al igual que un saber ancestral propio de la alquimia, renacer es un verbo que podemos conjugar si resulta preciso o, por decirlo con un lenguaje más propio de esta era digital, atesoramos esa capacidad de reiniciar nuestro *nacer* a tenor de los aconteceres o episodios que van configurando nuestro

13

intrincado pasar por este *universo mundo*, cervantina locución empleada por Mascaraque en sus versos.

El autor y su obra

José Mascaraque nació en un lugar de la Mancha, Madridejos (Toledo), el 31 de julio de 1946, y falleció en Toledo el 19 de julio de 2023. Tras completar su formación académica en Toledo, Comillas, Sevilla y Salamanca, estudió Teología en la Pontificia Universidad Gregoriana de Roma. Fue ordenado sacerdote el 19 de marzo de 1971, desempeñando durante más de cuarenta años su ministerio pastoral en pueblos como Los Alares, Valdeazores o Cobeja, y en barrios populares de varias ciudades como Alcalá de Henares, Torrejón de Ardoz y Madrid, donde residió en el barrio de Moratalaz desde los años ochenta hasta su jubilación en 2022, siendo coadjutor en la parroquia de Nuestra Señora de la Montaña. En los años 70 y 80 del siglo pasado también ejerció como docente en diversos centros educativos.

Desde muy joven ejerció su vocación por la poesía, publicando su primer poemario, *Horas populares en la intimidad* (1971), cuando aún estaba estudiando en Roma, en una edición impresa a ciclostil (una técnica hoy desaparecida que permitía copiar múltiples veces un escrito). Luego llegarían otros títulos como *Ciudadano Job. Susurros y lamentaciones* (1975) y *Arrepentido Sísifo. Aromas y regresos* (1975), poemarios con un marcado carácter intimista. En 1979 vería la luz uno de sus libros más emblemáticos, *Lucero Lucifer*, un poemario repleto de simbolismo, donde se atisba la búsqueda de lo sublime a través de un lenguaje exquisito,

14

pero sin artificios innecesarios. En la década de los 80, dedicado a diferentes proyectos culturales, sólo publicó un libro de poemas: *Ensalmos de la supervivencia* (1985). Habría que esperar hasta la segunda mitad de los años 90 para ver editada otra de las obras más relevantes de su itinerario como poeta, un libro que reúne en sus páginas cinco poemarios, me refiero a *Pentateuco poético* (1997). Entrado ya el siglo XXI, el poeta publicó en 2002 un nuevo libro, *Poemas prójimos*, otra obra primordial de su producción poética. En los años 2006, 2008 y 2010 aparecieron respectivamente los poemarios *Loas a María*, *Himnos para el Éxodo que viene* y *Poema Misal*, obras donde se aprecia un acento religioso, incluso místico en algunos momentos, más pronunciado que en poemarios anteriores.

En paralelo a su quehacer poético, José Mascaraque escribió tres ensayos. El primero de ellos, *La Iglesia y la cultura, contra fanatismos, libertad* (1983), es una acertada reflexión sobre el valor del diálogo intercultural y la significación de la cultura como antídoto contra la intolerancia. Asimismo, su obra *Tras las huellas perdidas de lo sagrado*, publicada en 1996, puede describirse como "un viaje a pie por la geografía anímica, cultural y religiosa a la búsqueda de los símbolos sacrales, tanto en sus significados universales como cristianos, teniendo como punto de partida el abandono masivo de la fe cristiana" en diversas sociedades, donde dicha fe tuvo en otras épocas un papel sustancial. Por último, su ensayo *Los ángeles desterrados* (2003) aborda la búsqueda "de los restos angélicos que han quedado en la cultura occidental de los ángeles cristianos, después de que en la teología tanto católica como protestante ya no encuentran lugar alguno significativo…".

De esta forma, catorce poemarios —quince con el que contiene este libro— y tres ensayos conforman hasta la fecha la bibliografía publicada del autor madridejense, a la que habría que añadir varios artículos y poemas aparecidos en diferentes revistas.

Iniciativas culturales

Como él mismo se describió en una ocasión, José Mascaraque fue "una mezcla de monje medieval y de estudioso renacentista", cuya tarea traspasó en algunas etapas de su vida las fronteras de la creación literaria, promoviendo y dirigiendo diversos proyectos en favor de la cultura, donde siempre desempeñó un papel fundamental su colaborador e íntimo amigo José Adolfo Herrera.

En este sentido, cabe destacar la participación de José Mascarque en la fundación y dirección del Grupo 'Síntesis' que desarrolló una intensa actividad en Alcalá de Henares y Torrejón de Ardoz durante la segunda mitad de la década de los 70, editando la *Colección 'Síntesis'* de poesía y los *Cuadernos literarios 'Síntesis'*, donde publicaron nombres imprescindibles de nuestra poesía que poseían ya una destacada trayectoria o bien daban sus primeros pasos en la creación literaria, como Mercedes Roffé, Julián Martín Abad, Francisco Toledano, José Rojo, Rafael Alfaro, Valentín Arteaga, Pedro Atienza, Ángel López Martínez, Jorge Riechmann, María Rosa Vicente Olivas, Javier Martín Arrillaga,

Alfredo Francesch,…, resulta imposible citar a todos en los límites de esta introducción.

Otras iniciativas dirigidas por José Mascaraque en los años 80 del siglo pasado fueron la revista *Martala*, la colección *Pliegos de Estraza* o la revista *A granel*. El elenco de autores que vieron sus trabajos impresos en las páginas de estas publicaciones no tiene desperdicio: Juan Aranzadi, Agustín Andreu, Javier Sádaba, José Luis L. Aranguren, Carlos Paris, Ángel Luis Casquillo Fumanal, Luis Alberto de Cuenca, Ignacio Gómez de Liaño, Rafael Reig, Antonio Orejudo…, el repertorio es extenso y al igual que se ha apuntado en el párrafo anterior es imposible mencionar todos los nombres.

Asimismo, debemos señalar que si bien el eje central de estos proyectos fueron la publicación de las revistas o colecciones mencionadas, estas actividades se compaginaron con la organización de conferencias, mesas-coloquio, exposiciones, conciertos y otros eventos culturales.

Por otro lado, a riesgo de caer en cierto sentimentalismo, quiero referirme de nuevo a José Adolfo Herrera, a Ángel Luis Casquillo Fumanal y a Jorge Riechmann, por quienes el poeta siempre atesoró una gran estima y profesó una sincera amistad a lo largo de su vida que sin duda fue recíproca. Amistad que quien suscribe estas líneas también tuvo el privilegio de mantener con Pepe, así le llamábamos afectuosamente, desde que le conocí a una edad muy temprana, cuando comencé a tratarle y a colaborar con él.

No se acaba nunca de nacer

No se acaba nunca de nacer, motivo de este libro que sale ahora a la luz, es el último poemario que escribió José Mascaraque, una obra que el poeta no tuvo la oportunidad de ver publicada. Los poemas que contiene, como explica el poeta al final de la misma, se escribieron entre Madrid y Madridejos del 31 de julio de 2016 al 22 de febrero de 2017. Más tarde, una vez conforme con lo escrito, hizo llegar algunas copias a los más allegados para su lectura y comentario. Luego, la obra quedó en reposo hasta que tras su jubilación y residiendo ya permanentemente en Madridejos se iniciaron las gestiones para su publicación. Por desgracia, José Mascaraque falleció inesperadamente antes de que fuera posible encontrar la editorial adecuada que lo hiciera posible.

De esta forma, *No se acaba nunca de nacer* supone un excelente colofón a la dilatada y más que notable trayectoria de un autor indispensable de nuestras letras contemporáneas. Un poeta poco conocido para el público lector, reconocido y recordado hoy con afecto en ciertos ámbitos, que realizó y divulgó su labor como escritor desde la intimidad de su mesa de trabajo, muy alejado de los círculos literarios al uso.

Este poemario constituye la culminación de una inestimable obra poética, construida sobre la base de un profundo humanismo, una sólida convicción en la transcendencia de la poesía, la expresión de los valores que acompañaron al autor a lo largo de su itinerario vital y un hondo sentir por su tierra natal, la Mancha, que emerge de forma tácita o expresa en muchos de sus poemas.

No se acaba nunca de nacer es un poemario que emociona y conmueve, en cuyos versos, recurriendo a las palabras del poeta, atisbamos un afán por "apresar el instante / con un constante sentido de lo eterno". Páginas en las que el poeta reflexiona, entre otras cuestiones, sobre las fortalezas y debilidades de la condición humana ("Y luego que los oleajes avasalladores de la ciudad / lo devuelven a la soledad de su habitación /…/ sueña que las lluvias primaverales reverdecen / el césped florido de sus sueños:…", escribe el poeta); expresa su acostumbrada consideración por la naturaleza en la que encuentra una fuente inagotable de sabiduría ("Los océanos, los mares, las islas, / los ríos, las lagunas y las montañas nos separan / y a un tiempo nos equilibran / como la tempestad cuando se calma…", anota en otro poema); y medita sobre el inexorable paso del tiempo: "Día tras día se suceden / monótonamente los años / sin tener prisa por llegar a alguna parte".

Veinticuatro poemas, la mayoría extensos y estructurados en cuatro secciones encabezadas cada una de ellas por diferentes citas de Goethe, que componen un discurso poético colmado de evocación y nostalgia y, al mismo tiempo, de exaltación de la existencia a pesar de las fatigas que conlleva: "…el dulce imperio / de quien ha aceptado la vida tal y como se presenta / purificándola y hermoseándola /…". Vivir en toda la dimensión de la palabra, con sus gozos, sus contrariedades y el anhelo de trascender "a la espera de viajar como polizones / en la travesía sin fin de lo ínfimo a lo infinito."

Poemas hilvanados con esmero, perspicacia y un estilo personalísimo, fruto de la pericia de quien fue maestro en el oficio de poeta. Versos confeccionados con un léxico escogido y a veces sutil, para hacernos partícipes del universo poético de un autor que, a pesar de aflicciones y reveses, nunca dejó de creer en el aliento de la poesía: "Encerrado el poeta en su aposento / el leve razonamiento del lápiz / en el papel vidria el silencio / y enseguida un ameno paraíso de palabras / esparce su belleza en las cuartillas / con el hondón de su alma / y la inteligencia en llamas."

Testamento espiritual

Igualmente, el presente libro contiene un texto en prosa fundamental para entender la figura de José Mascaraque, como hombre y poeta, su *Testamento espiritual*. Un texto en el que repasa aspectos que él consideró esenciales de su biografía, su pensamiento y su literatura, así como la invariable vinculación con la tierra que le vio nacer. Hasta seis veces proclama al inicio de este *Testamento* que nació en la Mancha y hace saber que quiere ser enterrado en la Mancha, para afirmar hacia el final de este singular escrito que quiso "ser libre como el viento, pero sólo para dar rienda suelta a sus dos vocaciones, la religiosa y la artística, sin ser guerrillero ni contraguerrillero en escaramuza alguna que no fuera en buena lid con la palabra...,".

El poeta redactó su *Testamento espiritual* en 2008. Unos años más tarde, el 29 de octubre de 2011, fue leído por el autor a modo de conferencia en un acto celebrado en el Ateneo de Madrid. El título con el que fue anunciada la conferencia en el Ateneo, *Testamento espiritual*, fue acompañado de un significativo subtítulo introducido por el poeta: *Soliloquio de un niño manchego que se hizo viejo en Madrid y que para más señas acabó de clérigo.*

Como corolario, por todo lo comentado en estas palabras preliminares, tan solo queda subrayar nuevamente que José Mascaraque Díaz-Mingo fue y es una voz poética imprescindible de nuestra poesía. Su obra es ya patrimonio de aquellos lectores y lectoras que deseen hacerla suya. Una figura y una obra poética y ensayística que, a mi juicio, requiere ser valorada y reivindicada como merece.

Francisco J. Castañón

Bibliografía publicada
de José Mascaraque Díaz-Mingo

Poesía

Horas populares en la intimidad. Pontificio Colegio Español de San José, Roma (Italia), 1971.

Ciudadano Job. Susurros y lamentaciones. Colección Síntesis de Poesía, Alcalá de Henares (Madrid), 1975.

Arrepentido Sísifo. Aromas y regresos. Colección Síntesis de Poesía, Alcalá de Henares (Madrid), 1975.

Lucero Lucifer. Colección Síntesis de Poesía, Ediciones Algar, Guadalajara, 1979.

Ensalmos de la supervivencia. CEFOR, Madrid, 1985.

Pentateuco poético. (Contiene los poemarios: *Sinfonía inacabada*, *Vestigios sagrados*, *Memoria de una adoración*, *Ardentías del paraíso* y *Visiones primigenias*). Editorial Verbum, Madrid, 1997.

Poemas prójimos. Editorial Germania, Alzira, Valencia, 2002.

Loas a María. Editorial Visón Libros, Madrid, 2006.

Himnos para el Éxodo que viene. Editorial Visón Libros, Madrid, 2008.

Poema Misal. Editorial Visón Libros, Madrid, 2010.

No se acaba nunca de nacer. Ondina Ediciones, Rivas Vaciamadrid, Madrid, 2024

Ensayo

La Iglesia y la cultura, contra fanatismos, libertad. CEFOR, Madrid, 1983.

Tras las huellas perdidas de lo sagrado. Editorial Verbum, Madrid, 1996.

Los ángeles desterrados. Editorial Verbum, Madrid, 2003.

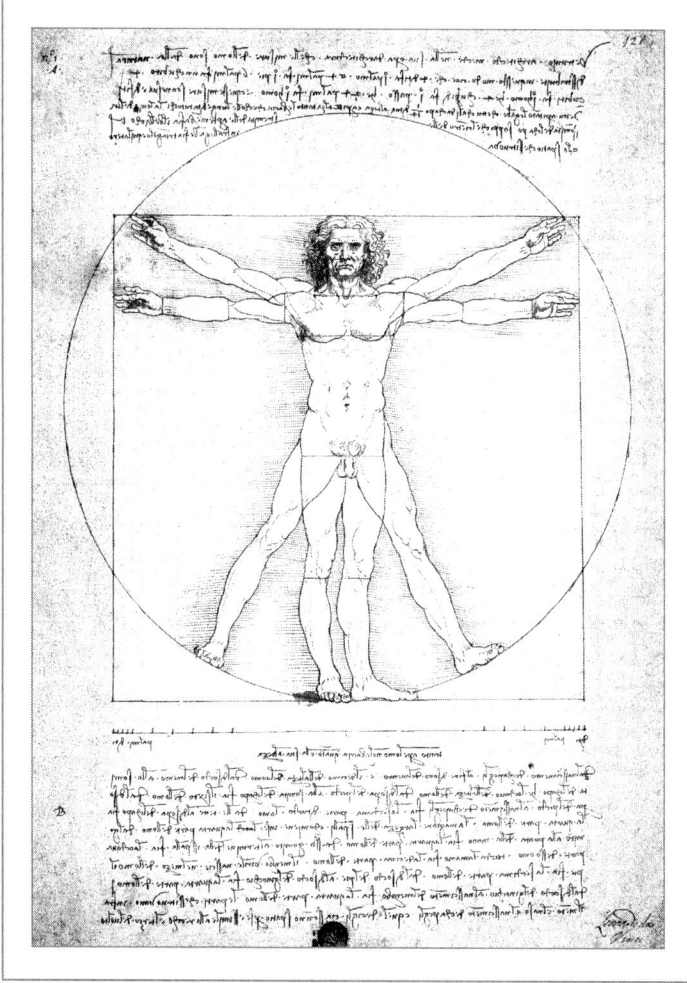

No se acaba nunca de nacer

I

**Si quieres hacer algo por el mundo
no te metas en él.**
Goethe

La luna se filtra por el ramaje de los árboles
y el estrépito de la ciudad se va apagando.
Nuestro intelecto se afina
y como las aguas que corren mansas
ya no tenemos apego a nada
determinados a consagrarnos a la vida apacible
y atónitos porque la luz de la luna
nos previene ante la adversidad
y marchamos a lo desconocido
sin saber lo que nos pasa.

Entre trinos de pájaros
y aromas de flores
la alegría rebosaba en su corazón
y se desbordaba por sus ojos
con el alma aún no turbada
por dogma establecido
como aquellos pastorcillos
ociosos de la Arcadia.
Mira, en la alberca
hay un segundo cielo
y deprisa el niño daba el salto del ángel
y buceaba y braceaba
en las aguas estancadas
hacia un oriente imaginario.
Su afán era apresar el instante
con un constante sentido de lo eterno
hasta el día en que por el oeste
el azul del cielo se tornó bermejo
y descubrió que todos estamos destinados
a morir mañana.

Una fresca fontana murmura
lo que las avecillas cantan
con la misma tolerancia campesina
con que se va por entre las hierbas
el agua clara y dulce
de un pequeño arroyuelo
hasta perderse en una deleitosa umbría
a la hora del ocaso
en que un anciano está sentado en pleno campo
cumpliendo el acto trascendental de su vida:
Aceptar con la cabeza doblada
que tras el duro batallar
el pasado no ha de volver
como esas nubes redondas y blancas
que ya desaparecen
tras la profunda calma de la noche.

Agarrado a la mano de su padre
el niño pasea el viñedo
aún no descepado de su infancia
vislumbrando a lo lejos
un caminito empedrado con menudos cantos
por donde habrá de encaminar sus pasos
y con fantasía creadora
se le pinta en sus ojos
el palpitante porvenir
mientras palidecen
los últimos resplandores de la tarde.
Y en esta mañanita en que ha cumplido noventa años
aquel niño ya sólo conserva el recuerdo
de un pasado dichoso
sentado al abrigo del blanco zaguán
junto a la cuna genealógica
donde duerme su biznieto
los dulces sueños de las generaciones venideras.

Para que no se desperdicie
ni un céntimo de agua
con temblor ondulante
la manguera rocía
una escarcha relampagueante
de cristalina perfección
a las florecillas silvestres
nacidas al borde del oscuro verdor de los pinos.
Y una bocanada de vientecillo tibio
se deja llevar por el azar
dejando en el aire la pregunta:
¿cuál será el sino
de este rincón escondido?
Y cuando el sol caedizo de la tarde
principia a ocultarse
tras las sombras primerizas de la noche
un reverbero de luz galantea a las florecillas
haciéndolas entrar en el dulce imperio
de una paz momentánea y finita
aunque diríase que el perfume terrenal
que exhalan tiene visos de eternidad.

Camuflado en una espesa hiedra
el joven soñador ojea embelesado a una avecilla
que echa a volar
cautivada por el palpitar de las alturas
y su jovenzuelo corazón
aletea tras ella hacia las cumbres
para otear la impenetrable inmensidad
como un guijarro que soñara
con ser el capitel de una columna salomónica
o como aquel príncipe jardinero
que vivía en un tiempo desaparecido
sin más instrumentos de jardinería
que las hermosuras de la vida
ni más alcurnia que su talle cimbreante
cantando a la fugacidad de los sabores
y sinsabores de este pícaro mundo
a ver si por fin las tristezas
marchan a la zaga de los júbilos
en una tierra y en unos cielos renacidos.

No se ve un alma
y en apareciendo por el portillo de los cielos
una silueta con la viva estampa de un corcel
al joven jinete parécele que viniera
trotando hacia él
aquel caballo de azúcar y canela
enganchado a la calesa de su infancia
para llevarle a tientas y picaderos
donde la luz prístina
y la soledad campestre
avivan las artes de la lidia y el rejoneo
con caballos montado por caballeros.
Y el sino se cumple si no fuera
porque por la llaga de la euforia
al caballista le supura un *taedium aeternitatis*
que da un toque oscuro
al claror de su ánima
sumergiéndola en una neblina cerebral
al notar que el potro de extraordinaria belleza
queda prendado del verde celeste
de un jardín galáctico
a una altura ideal
a la que el diestro no puede elevarse.
Y con el alma en un hilo de la noche
al trasluz percibe cómo se alza cara al cielo
una senda gaseosa iluminada por la Vía Láctea

y el corcel imaginario con trote ligero
desaparece por la Constelación Pegaso
viendo claro a años luz
que todo ha sido un paseíllo de ensueño
por el ruedo de los cielos.

II

**Las fronteras del hombre
son las cosas.
Goethe**

¿Por qué te pones la túnica
si hasta ayer te bastaba
el cendal del poniente?
¿Es que temes
que el sol deshile tu hermosura?
Fíjate cómo el alfarero
una vez la grasa de la arcilla
ha sido absorbida por la greda
con tacto remata
en el torno del alfar
el barreño y la tinaja:
Con sólo que confíes en la mano
que perfila tus contornos
notarás henchirte de ternura
con toda la fuerza de tu sangre
como cuando una jarra
rebosa de bon vino
y lo vierte en nuestros labios
y al instante en la garganta
sentimos un aleteo
que nos agasaja
con el trago que fermenta el arte.

Refulge el cielo límpido y emerges
en las albas paredes encaladas
tras los visillos trasparentes.
Al otro lado de la ventana
con gustoso silencio
las horas pasan lentas e iguales
sin forzar el tiempo
por lo que la vida interrumpida no existe
y decir otra cosa sería descortesía.
Día tras día se suceden
monótonamente los años
sin tener prisa por llegar a alguna parte.
Tus palabras son de reposo y bondad
y tu dolor callado.
Diríase que eres un beso de aire
o un silbo del cielo
o como el breve trino onomatopéyico
que lanza la totovía
en los cercanos campos.
Y después de muchos años
miro a través de los ajados visillos
y veo la silla y el costurero arrinconados
sin la mansa mano
que enhebre las agujas
y al momento oigo
el tañido de una campana

emprendiendo sin dilación
el viaje de vuelta
como si el vetusto autobús
huyese del desguace.

En clareando la luz del alba a escape
vibra el quiquiriquí sostenido de un gallo
para despedir el silencio augusto de la noche
al tiempo que la luna va dejando
de iluminar suavemente los tejados
pero al viandante urbanita
lo que más le hace bullir
los rurales ancestros de su sangre
es cuando desde lo profundo del venero
el arroyuelo difunde su son
con el fonema murmurante de sus aguas
pues no hay líquido elemento
que soporte el manto del silencio
ni párpado que resista
contemplar la rutilante corriente
sin mirarse en sus espejos:
En esto oye aullar unos perros
y al avistar una loma cubierta
de sembrados y viñedos
tras una parra retorcida se oculta
comprendiendo que la vida fácil y dulce
que ha dejado atrás no vale lo que esa amapola
que se cimbrea a un palmo de sus botas.
Y sin profanar el anonimato
que siempre fue la regla de oro
de los viajeros andantes sin ego ni nombradía

como un liberto chapado a la antigua
abre la cantimplora
y su sed de libertad aviva con acuosa locura
el ansia de sorber uno a uno los dorados sueños
sin máscaras que oculten la materia.
Y antes de que caliente más el sol
prosigue el camino
bajo el cielo sereno de la mañana
con un amor a los espacios infinitos
que mereciera ser leyenda.

Por el muro agrietado
asoman unas sanguíneas florecillas
despidiendo destellos que parecen lumbre:
—¡estoy viendo tus labios floridos!
exclama el príncipe encantado
—¿no será que el aroma
te ha talado la razón?
contesta la dama de sus pensamientos.
A lo lejos tintinean dulcemente
las esquilas de un rebaño
a la vez que desde el balconcillo de la casona
con los ojos cristalinos de un catalejo
el poeta clava la vista
en el bucólico espectáculo
en medio de un panorama verde y suave.
A la altura del cielo
el azul hechiza al horizonte
reflejando su centelleante luz
en el negro enlosado de pizarra
que se pierde en los jarales.
No hay boato. Todo rima en el paisaje.
Y una blanquecina trasparencia
trasporta los ojos al campo inmenso
y los ciega con esa extraña inquietud
de la que hablan los poetas
cuando al contemplar

a través de las ventanas
el terruño circundante
miran de hito en hito al mundo
para ensanchar la vista en pos del infinito.

Los océanos, los mares, las islas,
los ríos, las lagunas y las montañas nos separan
y a un tiempo nos equilibran
como la tempestad cuando se calma
para celebrar los nuevos nacimientos
con la elegancia nativa
del rosal que florece entre espinas
en el punto vivo del universo
donde se oye a Alguien
llamar in illo tempore a un niño
y a punto de cumplirse un siglo
un anciano le responde.
Porque en el reverso del tiempo
los MUNDOS esconden su hermético secreto
como cuando el sol nos chista desde una vidriera
en conformidad con esa suerte
que tienen los espacios infinitos
de reírse de nosotros
resonando su eco
en las carcajadas sonoras de las selvas
o en la risita sorda de aquella culebra
que salió del matorral
para asustar al crío
a salvo en los brazos de su abuelo.
Y cogidos de la mano de los años
el nieto y el abuelo saludan al MUNDO

respirando dulce las letras de su nombre
y tras despedirse de las estrellas
se duermen al alimón para soñar
hasta que una nueva mañana los despierte
y en una milésima de segundo
el UNIVERSO MUNDO
se les aparece límpido
en el instante triunfal de su parto
con la misma grandiosidad del amanecer
que ahora contemplan
mientras con la sangre encendida
y con una soga de seda
entretejida a sus gargantas
nombran una a una a las amantes criaturas
y las palabras al fin
ya no son necesarias
para decirles lo mucho que las adoran
desdoblados en dos como en un espejo
el nieto y el abuelo.

Atraído por el imán de una inocencia enamorada
creyó haber nacido en un país de primaveras eternas
hasta que en la flor de la vida
descubrió que era una cifra más
en una tierra de nombres anónimos.
Y se dijo: ¿podré deshacer esta mudanza
y reemplazar mi amarillenta palidez
por las primigenias rosas de mis mejillas?
Y sin desvirtuar sus fuerzas vírgenes todavía en agraz
cada mañana entra en la corriente
torrencial de la gran urbe
replegado en la soledad del vagón del metro
y en la penumbra de los trasmundos
tiene el hallazgo del triunfo legítimo
al que él también tiene derecho.
Y luego que los oleajes avasalladores de la ciudad
lo devuelven a la soledad de su habitación
con la bondad congénita del niño
dibuja su cuerpo en la cama
y como un tallo otrora floreciente
sueña que las lluvias primaverales reverdecen
el césped florido de sus sueños:
Los antiguos amores le reclaman amores nuevos,
con una llamarada guardada en el olvido
sus sienes están que arden,
los rescoldos que abrasan su cerebro

nimban las figuras del ayer
y con el run- run de los recuerdos
se transporta a su tierra nativa
de campos llanos rasgados por largos surcos
concediéndosele una tregua
en pos del efímero edén de un nuevo día.

Sentado a la vera del arroyo aspira los olores
del tomillo, el espliego, la salvia y el hinojo
y se abandona a la fragancia de los campos
antes de que un manto de nubes cubra el sol
y la luz apagadiza
y el frescor del aire
lo echen en brazos del anochecer
no vaya a ser que las lumbreras de la noche
le revivan el *taedium vitae*
que siente cada vez que como hoy entra en años
y las hojas del almanaque
le amaguen una vez más
con dar los primeros pasos
del pasodoble de los días idos.
Y recostado en el tronco de una encina
como un tigre saciado se adormila
y sueña que una vieja res
va por los montes lamentándose
de haberse dejado preñar candorosamente
por si en la consumación de los tiempos
fuera posible parir una raza nueva,
pero un agónico balido
muy parecido al ocaso del arte
le resfría los sentidos
por no saber a ciencia cierta
si desde ahora él será capaz

de destilar a perpetuidad los olores
del tomillo, el espliego, la salvia y el hinojo.
Y anonadado, nota en su pecho
una congoja de viejo abolengo
como si a cada latido de su corazón
cayera hecha girones su felicidad
cada vez que duda la respuesta a la gran pregunta.
Al llegar a casa se mira en el espejo
y cae en la cuenta de que su rostro
está lleno de los rasguños de la vejez
y como es amable de nacimiento
VUELVE LA VISTA HACIA EL MISTERIO
persuadido de que vendrá a ofrecerle
a perpetuidad el don del goce
desde EL PLUS ULTRA.

III

**Las fatigas de la vida nos enseñan
a apreciar los bienes de la vida.
Goethe**

Apoyado en su bastón el anciano
se halla en medio de la galería del museo
frente a frente a una impúber estatua de mármol
y ante tanta galanura
radiante de enardecida ardentía
y de escultural paganía para anticuarios
su imaginación vuela al pasado
cuando su lozanía ahora marchita
estaba en floración
como la fresca flor de mármol de Carrara
que tiene ante sus ojos.
Y como el cielo reverbera en un estanque
en las aguas diáfanas de la memoria
se ve subido en el carro triunfal de los recuerdos
recitando en voz baja
la epopeya legendaria
de aquellos carbones ardientes
de su pasión adolescente
transfigurada su senescente imagen
en la de un infante idéntico al de la escultura
que con pies alados
vuela idealmente desde la peana
hasta el viejo patricio
para devolverle la antorcha llameante
que un día portó con su flamante mano
hasta el pebetero para encender la llama olímpica

en la carrera de relevos de las generaciones.
Y como no hay dieciocho años feos
el septuagenario sigue soñando:
Asomado con los pies de puntillas
en un acantilado
se lanza a la mar océana
admirado de la soltura con que nada
descompuesta su menguada melena como seda pasada
y con la calva aguanosa ya sin tupé alguno
momento en que el avejentado soñador
se halla de nuevo
en medio de la galería del museo
frente a frente a una impúber estatua de mármol
abrumado por tantos milenios de civilización
que pesan sobre su encorvada espalda.

Son los días primeros de la primavera
y ahí está el anciano sentado
en una silla baja de enea
a la puerta de su casa
haciendo juego de manos
con un caramelo a su vivaz nietecillo
con la misma bondadosa socarronería
con que el sol reverbera vivamente
en la blanca cal de la fachada
y el álamo temblador centellea su sombra
con suprema sencillez en la acera.
Y ahora que yo también vivo retirado
desasiéndome poco a poco del mundo
para ir preparando la despedida
al recordar la cara escuálida de aquel anciano
llena de luminosa idealidad
mi espíritu también se va concentrando
en un ideal íntimo
así que no seré yo
quien haga correr el infundio
de que aquel abuelo era un desterrado en vida
sin chispa ni apego a lo moderno
sino ello es que en su mirada
había el dulce imperio
de quien ha aceptado la vida tal como se presenta
purificándola y hermoseándola

como el cuco canta cucú
el gorrión pía
la paloma ronronea
la estrella refulge
el sol emite luz y calor
el volcán lava
el uranio radiaciones
o como aquel anciano labriego
que hacía juego de manos
con un caramelo a su vivaz nietecillo
para donarle las pizcas de eternidad
que pudo pellizcar al pan de cada día
para que luego a luego el rapazuelo
las siga administrando
hasta el momento culminante
en que él sea otro anciano
pasito a pasito
por la callejuela angosta de esta vida.

Sentado en una piedra del camino
permanece largo rato absorto
repitiéndose a sí mismo
que las cosas son como son
requemada su memoria con las brasas
de aquellos nombres campechanos y vivaces
convertidos ya en cenizas.
Primero vinieron los adioses
para mudarse a marchas forzadas
a barriadas lejanas
y después el patético silencio.
Pero aquel pasado dichoso
ya pertenece a la fenecida centuria
aunque la vida varia siga desfilando
como las aguas de un río corren impasibles:
Y en la penumbra de aquel patio
quedaron petrificados los tiempos
en que todos sin falta tomaban asiento
alrededor de una mesa redonda
cada uno en su butaca de madera
sobre mullidos almohadones
de suave y blanca lana
a merendar con aldeana parsimonia
el pan candeal enaceitado con rústica aceitera
y adulzado con el azucarero
en medio del griterío de los críos

las tardes de domingo.
Es verdad que el gorrión sigue piando
y silbando el mirlo
y resonando el tan-tan de la campana
pero sus sonatas
ya no tienen la lógica de antes
como cuando el cascarrabias del nietecillo
jugueteaba con su abuelo
a ver quién hacía
más zalamerías y marrullerías
momento en que al anciano solitario
sentado en una piedra del camino
se le pinta una sonrisa
al notar que le zumban en los oídos
los ecos de las ingeniosas y sonoras parrafadas
de aquellos nombres campechanos y vivaces
convertidos ya en cenizas.

Encerrado el poeta en su aposento
el leve rozamiento del lápiz
en el papel vidria el silencio
y en seguida un ameno paraíso de palabras
esparce su belleza en las cuartillas
con el hondón del alma
y la inteligencia en llamas.
—¿Le pasa algo, maestro? le preguntan
pero él se halla al otro lado del tiempo
allá donde los segundos son eternos
con la vaga sensación
de haber vivido lo mismo
desde que el mundo es mundo:
Y puesto que nunca
fue baratísimo el amor a lo alto
las constelaciones tachonan sus sienes
con la estrella polar en su frente;
sus ojos trasnochadores
jamás conocieron los eclipses
pues para velar las madrugadas
la sola luz de una candela basta;
sus labios retienen
el licor que desde niño
el anciano aguarda;
con sus manos lanza a volar al colibrí
en todas las direcciones del viento
a picar el néctar de las cumbres;

y su corazón es una gigantesca hoja volante
con estampas impresas en papel biblia
donde el lobo habita con el cordero,
la pantera se tumba con el cabrito,
el novillo y el león pacen juntos,
la vaca pasta con el oso,
el león come paja con el buey,
el niño juega con la hura del áspid
y mete la mano
en el escondrijo apergaminado de la serpiente.
Y cuando empieza a ordenar las cuartillas
las palabras de nuevo se incendian
siendo su chisporroteo el preludio de otra fogata
que a porfía ansía irradiar
la luz en nuevos folios.

Viene de lejanas tierras
con selvas frondosas
y ríos caudalosos
y ante la severidad
de la paramera castellana
que contempla por vez primera
se sume en meditación profunda
sin tan siquiera tener
papel para un poema.
Deshecha su persona en mil pedazos
¿será que al no tener patria
ya no quiere tener nada
ni siente apego
a maldita de Dios la cosa?
¿o acaso la furia
de sus consumidos sentimientos
le inflame la tea
del ansia por la vida?
¿o que un día le ponga el as de oros
sobre tapete de paño la fortuna?
Y después de pasar las noches
como los hombres de las cavernas en una covacha
o en otros antros como en un palomar en ruinas
o en el cobertizo de una casa de labranza abandonada
de la noche a la mañana se le vio bregar
con el pico y la pala, con la llana y la paleta

o recolectar la uva, la remolacha y la patata
y ante la admiración de todos
sin tardanza logró el puesto de chófer
en un Volkswagen de alta gama.
El lucero de la mañana es testigo
de las horas de estudio
que robó a las madrugadas
hasta llegar a ser en pocos años
un prestigioso hombre de leyes.
Como diría el pequeño filósofo
de la Generación del 98:
La ciencia de lo justo y de lo injusto le cautivaba.
La justicia era su norte.
Y por encima de la justicia la equidad
que de la justicia es la flor.

En la aldea el cielo está sereno
y el silencio de la calle
es el ideal para el sosiego
pero en cuanto pisa los umbrales de su casa
tiémblanle las carnes como a un chucho
al notar que una bocanada de aire frío
entra por una ventana hecha pedazos
y en su mente de campesino cartesiano
todo se hace borroso y a la vez claro
como cuando guiado por su instinto campal
es el primero en ver las plagas
del pulgón en los plantíos
y del tizón en los sembrados.
Todo está patas arriba
excepto en el desván el escondrijo secreto
del saco de patatas
que lo han dejado intacto
en cuyo fondo
hay un retal de paño
con las alhajas familiares
y una bolsa con el importe
de la última cosecha.
Y como un leñador
que a hachazos
acaba de cortar leña
se sienta extenuado

en un zoquete de madera a recapitular
y rápidamente se pregunta
cuál ha de ser la ruta
por donde ha de encaminar sus pasos
para lo que da rienda suelta
a su aprensión creadora:
El pitido del tren
suena en su imaginación
y el nombre suburbano de la calle
donde vive desde hace muchísimos años
le hace caer en la cuenta una vez más
de que su mejor presente fue el pasado
cuando en la aldea el cielo estaba sereno
y el silencio de la calle
era el ideal para el sosiego
y de que es mejor enterrar en el olvido
para siempre ciertos hechos.

IV

**¿No estamos precisamente en esta vida
para hacer eterno lo efímero?
Goethe**

Antes de que caiga la noche
se da su caminata solitaria
para hacer el recuento
de lo que le queda de sus viejos amores
y en el rato fugaz, breve y fugitivo
que dura el tránsito a las sombras
se sube a la atalaya del anochecer
y de un salto alcanza el cielo
comenzando a oírse en las alturas
la salmodia inacabable:
¿Quién habla?
¿Quién susurra?
¿Quién en esta tierra
de infieles cipreses
pudo temer mayor penumbra?
¿Y quién abatirá tanta espesura?
¿O es que de vero la carne sueña con la nada?
¡Oh vacío que a los mortales devoras!
¡Oh desasimiento impenetrable
si fueses fuego
huiría lejos de tu hoguera!
¡Oh descorazonador quebranto
atravesaría el cosmos con cuidado
para ver la forja de tu rostro
pero no es tu duelo amante de dibujos
por mucho que se grite o que se gima!
¡Oh extinta compostura

si ahora reposas
en la incierta natura que te acoge
por qué me mostraste tus despojos
en el acto de morir con tanta prisa!
Y de vuelta a casa
unos toques de trompetas
le llegan en tropel a sus oídos
desde los lejanos siglos
y le tiemblan las carnes como los cimientos a Jericó
viendo claro entre los escombros de su vida
que el amor eterno es quebradizo vidrio
así como el dolor eternal un toro bravo
que surge de entre los matorrales primigenios
exhibiendo altivo
los puñales de su enorme cornamenta
y a la zaga el resto de iconos
del ángel, el león y el águila de los atrios
con la misión de custodiar el panteón secreto
donde yacen juntos los achaques y los éxtasis
a la espera de viajar como polizones
en la travesía sin fin de lo ínfimo a lo infinito.

Su alma permanece todavía
recostada en su envoltura
presintiendo su alejamiento próximo
como los sembrados
con los calores del estío
agonizan a la vera del camino
o las chimeneas ventilan
hacia el cielo el humo.
Postrado su cuerpo
a lo largo de la cama
lentamente desella sus párpados de esfinge
hasta fijar sus ojos en las paredes
y en un decir Jesús
sin pestañear ve la película
completa de su vida
con un revoltijo de derrotas y victorias
a imagen y semejanza
de las proyectadas en aquellas pantallas
de los cines de verano de su lejana infancia
y en apareciendo FIN
echa un último vistazo al techo
como si quisiera encaramarse
al primer peldaño
de una escala de los vientos.
Sólo Dios sabe cuánto duró el deshielo
o si le rozó una nube

según subía a la otra estancia
o si oyó el gorgor de nuestros llantos
sintiendo en las mejillas
la caricia de sus aguas.
¿Pues qué es la muerte
sino el vaho del amor?
¿O es sólo un film de cine mudo?
¿O es que acaso la gloria
excluye lo pasado?
¿O alguien cree
que ya no existen
los oros del edén?
Notamos que acusaste
el bocado de la muerte
cuando en el silencio de tus ojos
aparecieron dos lágrimas heladas.
Y bajo una piedra berroqueña reposas
en la creencia de que en el espacio de tu trono
nos aguardas para secar la sangre a tanta herida.

Echo un vistazo al anchuroso corral
y en su suelo de cemento
existe todavía
la señal de tus paseos
y te veo clandestina y rumorosa
pasar por un millón de mundos
con tu ausencia ya santificada
sentada en tu mimbrera ahora vacía
atusando con tus manos transparentes
mi flequillo como antaño
y en el silencio ideal de mis recuerdos
allá vas pasito a pasito
con tu andador
a visitar todos los altillos y vaguadas de la casa
atravesando umbrales
y abriendo armarios
hasta que de pronto
despareces de mi vista
sorbida por los espacios infinitos
donde estableciste tu morada.
Y tras tu fugaz huida
a la sombra del entoldado de los siglos
sigues emanando claridad
en las cuencas de mis ojos
con la bella serenidad de un relicario
de madera preciosa

embutida de nácar y de plata
esforzándome en rescatar de mi memoria
el cutis rosado de tus empalidecidas mejillas.
Ay, madre, cómo quisiera
deshilvanar tu ropaje de ceniza
y que corriera por mis venas
nuevamente la savia de tu vida
como almagre incandescente
para que me cundiese
pintarte a todas horas
y como esas fuentes
que gotean una vez
cada mil años
llenar mi vaso a rebosar de tu leche primorosa
con la que me amamantaste
en los inicios de los tiempos
sin que se vierta una sola gota con el lloro.

Un minúsculo jardín era su patria,
el rojo y gualda de los dompedros su bandera,
las malvarrosas las niñas de sus ojos,
su sonrisa una cardencha
prendida con alfileres
como la frágil flor del espinoso cactus,
sus labios campesinos coloreados
con el vivo carmín de la amapola
y la rosa del azafrán su emblema
con su color radiante
no sabría decir si de una Rosa de Jericó
o de una Rosa de Alejandría
o como las manzanas de oro
del Jardín de las Hespérides
o como esos pétalos
que con mis manos temblorosas
en la distancia ahora deshojo
sobre su lápida
como rústico homenaje
a la Madre Eterna.
Y a la noche me siento
en el rellano de la escalera
que lleva a la terraza
a contemplar la rosaleda de los cielos
para que el ave perdidiza de mi alma

halle al fin la estrella
que le señale otro poniente
donde la vida vuelva a ser apacible
sin las terribles gotas frías
que desbordan torrenteras
y encharcan campo
e inundaron mi casa
con aluviones de lágrimas
llorando tu partida, Madre Mía.

No se acaba nunca de nacer
se escribió a vuela pluma
entre Madridejos y Madrid
del 31 de Julio de 2016
Fiesta de San Ignacio de Loyola
y de mi setenta cumpleaños
al 22 de Febrero de 2017
Fiesta de la Cátedra de San Pedro

TESTAMENTO ESPIRITUAL

de

José Mascaraque Díaz-Mingo

Testamento Espiritual

Espero la luz tras las tinieblas

Nací en la Mancha, y nacer en la Mancha es colocarte el destino en la altísima meseta castellana y rodar por una llanura: el cielo radiante, el aire puro y sutil, un cielo y un aire que reflejan, como en un espejo, los cielos de España.

Nací en la Mancha, y nacer en la Mancha es estar a todas horas, todos los días, de la mañana a la noche, a la espera de los arreboles de la aurora y de los colores suaves del crepúsculo.

Nací en la Mancha, y nacer en la Mancha es caer de bruces en una tierra de atardeceres largos donde las tinieblas son blancas como de porcelana, y la luna de plata.

Nací en la Mancha, y nacer en la Mancha es no poder sustraerte al destino de ser místico, que consiste en vivir los duros trabajos y trasiegos de la vida como un anticipo del descanso para la eternidad.

Yo nací en la Mancha, y nacer en la Mancha es ir toda la vida tras los pasos del Quijote y de Sancho Panza.

Yo nací en la Mancha, y quiero ser enterrado en la Mancha, en el camposanto de mi pueblo, en la fosa de mis padres, para que mis restos mortales reposen junto a los suyos, a la espera de que se cumpla la eterna ley de la resurrección gloriosa prometida por el Rey del Universo, el Señor Nuestro Jesucristo, Juez de vivos y muertos.

Y yo os confesaré por qué quiero ser enterrado en la Mancha: Yo quiero ser enterrado en la Mancha porque ella es la tierra que resume las ilusiones, las esperanzas, las fugitivas alegrías y los callados dolores de toda mi vida.

Y como en la muerte todo se hace remoto y a la vez cercano, os diré que nací como si fuera ayer en el año del hambre de 1946 en un tórrido 31 de Julio en La Fiel y Muy Leal Villa de Madridejos, de casas encaladas tan blancas como sábanas tendidas a la luna.

España y Europa acababan de salir de una Guerra Civil y de una Guerra Mundial… Pero, en fin, dejemos estos hechos luctuosos para los sacerdotes arúspices, que son los que saben hacer predicciones con el examen de las entrañas de los animales sacrificados… Pero para que las generaciones más jóvenes puedan hacerse una idea de cómo estaba la cosa en los tiempos en que yo vine al mundo, y de paso para que a algún desmemoriado se le refresque la memoria, os revelaré algo que fue siempre un secreto familiar, hasta este mismo momento en que lo hago público: Cuando mi madre ya había roto aguas, y por tanto estaba a punto de parirme, a toda prisa se fue al corral, cogió una gallina, la sacrificó, la desplumó, le sacó las tripas, y con el hacha la troceó, para que así no le faltara el caldo necesario para que le subiese a sus pechos la leche con que amamantarme durante los primeros días de mi vida… A la vista está y no porque yo lo diga, que mi madre fue la mejor pitonisa y la mejor sibila que nunca se conoció en muchas leguas a la redonda en lugar alguno de la Mancha, y aquí queda dicho para aviso de caminantes en estos tiempos tan redichos con lo del medio ambiente, la aldea global y la multiculturalidad.

Y así nací yo en un pueblo manchego de casas encaladas, tan blancas como sábanas tendidas al sol, a la luna y las estrellas. Y si, como dicen, es en el centro de nuestras almas donde se encuentra el secreto de nuestra historia personal, el que mis ojos se abrieran a la vida en un pueblo blanco, para mi alma ha tenido sin duda su qué, un qué que he arrastrado toda mi vida, de modo que cuando, por imperativos del progreso, mi casa y mi pueblo iban dejando de ser blancos, yo experimentaba un zarandeo interior, un pánico sagrado, que me hacía estar muerto más que vivo. Yo, a mi manera, era consciente de que estaba asistiendo como testigo a uno de esos momentos en que la lógica de la historia, muy parecida a la lógica de las leyes naturales, pasaba página, y una época que había durado siglos daba paso a unos tiempos nuevos. Y el destino me había colocado a mí en ese minuto. ¿Era una suerte?, ¿o una desgracia?, ¿o una penitencia que la providencia me ponía para que espabilara el alma?, ¿pues no era providencial que mis ojos hubiesen visto la Mancha tal cual aparece en el Quijote y la describe

Azorín y tal como la cantaron poetas como Juan Alcaide y la dibujaron pintores como Gregorio Prieto?

Lo cierto es que cuando yo leí, a mis quince o dieciséis años, por primera vez el Quijote, según pasaba las páginas iba adquiriendo la certeza de que había conocido al Quijote de carne y hueso hacía muchísimos años, en esa edad mítica cuando se tienen dos o tres o cuatro añitos, y lo vivido forma parte de esa Edad Dorada en la que todavía no existen ni pasado ni presente ni futuro y, por tanto, donde el alma por una vez en la vida se puede permitir el lujo sobrenatural, porque la niñez es la edad preternatural, de predecir lo que ha de venir con el don profético. A modo de ejemplo os cuento: Tenía yo 61 años, y estaba sentado en un banco a la sombra de unos pinos, cuando de repente vino corriendo con los brazos abiertos hacia mí un niño de tres añitos, hijo de un matrimonio venezolano muy amigos míos. Al llegar a mí, me abrazó las piernas con ese amor que no es de este mundo y que sólo saben tenerlo los niños. Yo le agarré por la cintura y le senté en mis piernas, y con mi dedo le señalé la copa de los pinos y le dije: Mira, mira los pajaritos. Y él, sin mirar a las ramas, me miró a la cara partiéndose a reír, y tocando con sus deditos mi frente, me dijo en la lengua de los niños: No… No… lo…s pajarito…s está…n en… tu… cabe…s a ja, ja, ja… Y yo, que pasaba esos días por una racha creativa y tenía varios poemas rondándome por la cabeza, al oír al niño me quedé de piedra, como si estuviese escuchando al mismísimo profeta Isaías en persona.

Pues yo conocí también al Quijote de carne y hueso a la edad de cuatro añitos. No es que yo a esa edad ya hubiese visto de verdad a los arrieros con sus reatas de burros por los caminos polvorientos, o a las pastoras apacentando a las cabras y a las ovejas por los rastrojos, y hasta un molino que en las afueras del pueblo todavía movía sus aspas al viento para la molienda, o que yo hubiera correteado por los corrales de tapias encaladas o por los camaranchones enjalbegados, idénticos a los de las ventas y posadas cervantinas. Es que yo fui verdaderamente un testigo infantil de historias de quijotes y sanchopanzas vivitos y coleando: Yo tuve la suerte, por unas perrillas al mes que pagaban mis padres, de asistir ¿la llamaré guardería? a la escuela del tió Buchón, donde niños de dos, o tres, o cuatro añitos, cada uno llevando en una mano una banquetita la mitad de pequeña que una caja de zapatos y en la otra un cantarillo de barro casi de juguete lleno de agua con anises dentro, pasaban con el anciano las horas de la mañana sin lápiz ni cuaderno algunos, mientras él ¡ojo al parche! con su boca desdentada y con sus manos en alto con los dedos secos como sarmientos, hacía recitados de frases proverbiales del Quijote y Sancho ante tan meón auditorio, como si todos estuviesen mismamente en la Isla Barataria, o como si a modo de sombra se hubiese aparecido Alonso Quijano en carne y hueso rodeado de quijotitos, uno de ellos yo, en aquella cocina de fogón bajo con un poquito de lumbre, la chimenea ancha y baja, y el suelo a trechos empedrado y a trechos embaldosado con baldosas de barro rojizo. Un día murió en aquella casita contigua a la de mis padres en el callejón de la calle Cervantes. Los niños estábamos solos en la cocina y él en otra habitación aledaña. Una vecina entró con un tazón de caldo, y enseguida las madres fueron a recoger a sus niños. Nunca supe si el tió Buchón era mozo rancio, o si era viudo, o si había tenido hijos o no. Lo cierto y verdad es que él estuvo siempre vivo en mi recuerdo. Él ha sido para mí una de las grandes figuras de la historia viva de España que he conocido en mi vida, uno de los más asombrosos personajes de los Episodios Nacionales Ágrafos todavía pendientes de escribir por los galdoses venideros, y que han existido a montones en los muchos pueblos callados, o acallados, como hay por la Mancha y por España, como es mi pueblo. Yo por mi parte para saldar la enorme deuda que tengo con aquel gran hombre que fue el tió Buchón rezo un Padrenuestro y un Avemaría por su alma, rogando a Dios que nunca falten hombres como él, que murió rodeado de niños. Una pasada.

A la dicha de haber sido testigo, aunque fuera a una edad tan tempranera, de los últimos estertores de la Mancha imperecedera inmortalizada por Cervantes, le debo que mi lectura de los místicos, de los clásicos, y de la Generación del 98, haya sido ¿cómo lo diré? tan vitalicia, tan duradera en mi vida, porque aquella Mancha inmortal que agonizaba y que yo conocí de niño, inclinó mi intelecto a una querencia que duró en mí toda la vida, la querencia que siempre he tenido a las regiones ideales de la poesía, de la mística, de la filosofía y de la teología, esto es, a los pensamientos altos que a todo caballero andante que se precie se le suponen. Y también le debo a aquella Mancha inmortal que conocieron mis ojos de niño, la retranca necesaria para frenar los entusiasmos de las modas, de las vanguardias, experimentalismos y progresismos, así como de los carqueríos, que a tantas mentes lúcidas les hicieron perder el juicio en mi siglo, en la política, en la religión, en la cultura, así como en la vida de puertas adentro.

Y habrá quien me diga: Pero vamos a ver ¿es que pretendes hacernos creer que la Mancha auténtica sólo existió en aquella Mancha apocada e indiferente ante las inquietudes del mundo moderno? ¿Es que entonces el manchego de pura cepa tiene que ser rudo, basto y tosco, como ésos que han ido como mucho a la escuela, o ni siquiera, y que, por tanto, no están todavía picardeados por bachilleratos ni títulos universitarios, sino tan sólo con la picaresca que se aprende por los muchos caminos que dan a la Mancha? ¿Algo así como un tomate de secano, un huevo de gallina de corral, o un trozo de tocino de un cerdo chicharrón tostado a la solana del verano y con sus carnes curadas de espanto con las heladas al raso de las noches de invierno? ¿Un manchego como un pan recién sacado del horno de leña de los tiempos cervantinos? ¿Un manchego curtido al aire antañón y rancio del Siglo de Oro Español? ¿Un aborigen?

Y me diréis: A Dios gracias ese aborigen manchego ya no existe, y bien desaparecido está. Los siglos se encargaron de sorberle los jugos hasta dejarlo como una cecina, guardado en la fresquera de la historia, o en una lata de conservas, para uso cultural, o para consulta en las bibliotecas por poetas nostálgicos como tú cargados de añoranzas. Ni aborigen manchego, ni ventas, ni posadas, ni leches. Las fronteras han saltado por los aires hechas añicos, y la Mancha es por fin una vasta llanura donde tienen su domicilio los aborígenes venidos de todos los lugares del planeta. Ese aborigen que tienes tú en la cabeza, o ya está en la UVI *in articulo mortis*, o está en las últimas siendo atendido en su casa por una aborigen inmigrante. Y que las nuevas hornadas de manchegos aborígenes se acomoden miméticamente con los demás aborígenes venidos de otras tierras en una Mancha abierta y multicultural, y que, como cada quisque, si quieren ganarse las habichuelas, o que se piren en globo a la aldea global, o si se quedan en la Mancha, que lo hagan como un aborigen cualquiera, viéndose las caras no sólo con musulmanes y judíos como tuvieron que hacer sus antepasados antiguamente, sino con los aborígenes de todo pelaje y condición, y entre creencias de todas las latitudes y meridianos.

Y habrá quien diga que al aborigen manchego hoy hay que buscarlo por Tokio, por New York, por Madrid o por los Emiratos Árabes…, e incluso que Don Quijote y Sancho ya están navegando por los ordenadores de la NASA, buscando la manera de salir definitivamente a los espacios siderales, retozando Rocinante por la Constelación Pegaso, y el burro dando un trotecillo uncido al Carro de la Osa Menor, sin que el ama y la sobrina se enteren de la escapada del caballero y su escudero, esta vez *per saecula saeculorum*: adiós a tanto mendrugo de pan, adiós a las liendres y los piojos, adiós a tantas noches al raso sin más abrigo que la luna y las estrellas, adiós a los petardos de la Generación del 98 con su amor a España, adiós a tanto barniz cultureta y quijotesco, adiós…

Pero ahora pregunto yo: ¿De quién es la obra de arte? ¿A quién pertenece? Evidentemente toda obra de arte tiene un autor, bien anónimo o bien reconocido, que, como un padre y una madre con un hijo, hace que empiece a existir, concibe la obra artística y la cría, la crea. Pero junto con el autor, la obra artística tiene multitud de autores, principiando por la tierra, las gentes y la época en que nació y se crió el autor, primeramente sus padres, las amistades, los maestros que lo educaron y que le dieron, como a una planta, la cava, el abono y el riego necesarios, como son el idioma en el que le enseñaron a hablar, la religión en la que fue educada su alma, y hasta la cocina con la que degustó los sabores de la vida, los saberes que trasmiten el paisaje, las nubes, los soles y las lunas, las calles y hasta las ventanas de la casa por donde el autor vio las primeras luces, que son también, junto con él, coautores de su obra artística, como lo atestigua el amor que tienen las gentes de todo el mundo, sean del lugar que sean, a las obras de arte que les legaron sus antepasados, custodiándolas de generación en generación, teniendo vivos en la memoria a sus autores y promotores, celebrando las efemérides que las conmemoran, y sobre todo cuidándolas como cosa propia sin mirar en costes y sacrificios. Nunca les agradeceremos lo suficiente a los Románticos el olfato tan fino que ellos tuvieron para rastrear en las costumbres y usos del pueblo llano las huellas interpretativas de la cultura de un país, sobre todo el aldeano por ser el mejor archivo histórico del alma profunda de una nación. Por eso sobrecoge el alma y corta la respiración recordar con horror esos momentos aciagos de la historia en que, como ocurrió en España en 1936 por muchos pueblos y ciudades, algunas gentes enloquecidas prendieron fuego a las obras artísticas, haciendo con ellas hogueras de la vergüenza y del deshonor de su pueblo o de su ciudad, que vieron con sus ojos repletos de lágrimas cómo quedaron sus iglesias con las paredes peladas de arte de siglos.

Pero la norma por la que se rige el pueblo llano es la del amor reverencial y oferente a las obras artísticas, no sólo porque el pueblo es un verdadero maestro en toda clase de artesanías, dejando en ellas impreso el sello de su pericia, y por tanto el mejor operario para ejercitarlas con sus propias manos, sino porque además con sus diezmos o con la compra de bulas fue en más de una ocasión el gran mecenas de la obra de arte, sobre todo con la ofrenda más valiosa, dando al arte a sus hijos más válidos como artistas. Miremos, por ejemplo, a una catedral… El arquitecto, a modo de un director de orquesta, no podría haber ejecutado su obra, si no hubiera contado con la actuación de unos instrumentistas, los artesanos y operarios que, como verdaderos maestros en su profesión, dejaron su firma popular en la parte, aunque fuese pequeña, de la ejecución de la obra del arquitecto: canteros, albañiles, carpinteros, herreros, soladores, encofradores, vidrieros, tapiceros, orfebres, escultores, pintores, y hasta el panadero, el bodeguero y el carnicero, porque una catedral no sale bien si faltan la bonanza del pan bonachón, el bon vino, y los benditos de Dios el torrezno, la morcilla y el chorizo, en fin, un sin número de obreros que, dirigidos por el arquitecto, forman la gran academia de constructores de la Gran

Obra ¿Cómo no iba el pueblo a amar las obras artísticas si no hay obra de arte verdaderamente grande en la que el pueblo no haya participado activamente? La musa es la que engendra con su inspiración en la mente del autor la obra de arte, y aunque quien la pare es el autor, quien la amamanta es el pueblo al que pertenecen ambos, autor y obra, como hijos de sus entrañas que son los dos. Y lo mismo que sucede en la construcción de una catedral, también ocurre en la producción de una obra literaria, ya sea novela o teatro, prosa o verso, o de teología o filosofía, etc, todas son una catedral de palabras, y cada palabra lleva en su sonido y en sus letras un trozo del mundo y un jirón del alma de los hombres, de todos los hombres. La palabra nos contiene a todos, personas y animales, plantas y flores, aromas y anhelos, y sueños…, porque la palabra es el Ensueño del Mundo y Palabra de Dios. La Palabra es Viento. La Palabra es Tierra. La Palabra es Agua. La Palabra es Fuego. En el Principio era la Palabra y sin Ella el Mundo no podría ser nombrado: No podríamos llamar al padre ni a la madre ni a las cosas; no po-dríamos titular nuestros sentimientos ni nuestros temores; no podríamos invocar idea alguna de nuestro intelecto. La Palabra es el Arte Supremo: Ella es la Medida, el Peso, el Número y el… Alma, porque es a través de su telefonillo por donde hablan el labriego y el pastor, el artesano y el obrero, el bachiller, el cura y el barbero, el malandrín y el matasanos, la totovía, la lagartija y la avispa mientras Rocinante bebe en la charca el agua que va saliendo, palabra tras palabra, de la pluma del genio en su novela.

Por la boca de Don Quijote de la Mancha salen las palabras que llevan a la Humanidad a la cima altísima de su destino por una senda tan estrecha que sólo caben las almas generosas y locas por la libertad y la justicia.

Y tan único, acabado y completo es el libro del Quijote, que no hay necesidad alguna de que venga un nuevo Cervantes a hacer ni una sola tachadura a la obra de Don Miguel, como aquel mal plagio del Avellaneda de marras que en gloria esté y que se quedó chingado con un palmo de narices, porque en la Vida de Don Quijote que escribió Cervantes nos encontramos con un castellano y con unos personajes que lo hablan, tan intocables, que se deshonra quien lo intente porque se quedará con el culo a rastras, pues es un castellano que contiene lo mismo los siglos pretéritos que los presentes y los venideros, el aire propio como los aires lejanos, ya que es una obra donde lo chico está fundido con lo grande, la Mancha con la gran llanura del extenso Mundo. La Mancha por donde caminan Don Quijote y Sancho es una llanura sin fronteras, ni geográficas ni temporales, y cuando caballero y escudero hablan lo hacen en un estado tan agudo de inteligencia, que por la boca de uno y de otro hablamos todos los hombres, y no sólo los hombres hablamos por sus bocas, sino también los molinos de viento, las posadas y ventas, las tapias y hasta las piedras. Y no digamos lo que hablan Rocinante y el listo del rucio...

Pero no olvidemos que en el Quijote, aun cuando sueltan latines, todos hablan en castellano, y que la tierra por donde trotan los personajes y las gentes que compartieron con el caballero andante y su escudero sus desvaríos, es la Mancha real, aldeana e hidalga a la vez, como también fue manchego el autor de la historia, Cervantes. Por eso es un libro que nos impone un deber a los españoles y a los manchegos, y que no podemos transferir a otras gentes: el deber de ser custodios del castellano cervantino, de la Mancha cervantina, del magín y del caletre cervantinos de un caballero andante y de su escudero tan locos como una cabra, una cabra eso sí cervantina, que no es una cabra cualquiera, pues las cabras quijotescas también se rigen por las reglas de la caballería andante, como Rocinante, el asno, el mesonero, el ama, el cura y el barbero, y hasta los molinos de viento. Y las reglas de la caballería andante se resumen en una sola palabra: el honor. Y como dice Azorín en su libro "Con Cervantes": *"La base del honor es el respeto...; no puede haber civilización sin respeto...; Respeto a la personalidad ajena y a la propia; Respeto a las opiniones de los demás; Respeto a la inteligencia; Respeto a la senectud; Respeto al caído en las luchas de la vida; Respeto a la pobreza y respeto a la palabra empeñada; Y a la lealtad; Y a la fidelidad en los demás a un ideal que no es el nuestro; Respeto de los hijos a los padres; Respeto a los enfermos; Respeto a las personas constituidas en dignidad; Respeto a los viejos soldados que han aventurado su vida en la guerra; Respeto al escritor que ha trabajado fervorosamente; Respeto a la mujer infeliz que ha sido burlada..."*

Para que luego se diga que los políticos son los inventores de la democracia... He aquí un cuadro sinóptico del honor quijotesco hecho por un escritor como

97

Azorín, cuya prosa se aproxima a la ciencia exacta, con los sustantivos precisos, los verbos clavados, los adjetivos justos, y con frases de una ecuanimidad matemática. Un escritor por cuyas venas corre la sangre cervantina que, cuando se sube a la cabeza, produce una clarividencia tan fuera de este mundo, que nos parece locura al común de los mortales. Digámoslo sin tapujos: Es la cultura española, mística, teológica, civilizadora de pueblos, una despensa repleta de comestibles, embutidos y licores humanísticos y espirituales de elaboración cristiana, pero cuyos ingredientes son manchegos y españoles y, eso sí, una sabrosísima y exquisita miel católica ¿pues es que alguno todavía no se ha dado cuenta de que las reglas de la caballería y el código de honor quijotescos no son sino las bienaventuranzas evangélicas, convertidas en reglas de vida, o tal vez mejor sería decir del sinvivir, del Caballero de la Triste Fi-gura, de tanto apaleamiento como recibe por la defensa del desvalido y por instaurar una justicia que más que humana es divina, por caminos, ventas y posadas de este mundo nuestro, que va como ha ido siempre, a lo suyo, aunque él lo ve hermoso, como hermosa ve a su amada Dulcinea, como ve hermosa a la Mancha, porque hermosa es en su corazón de loco de amor y de remate?

Sin ningún sigilo os confieso con satisfacción que nunca en mi vida leí una obra literaria que me haya parecido tan cristiana como el Quijote, ni siquiera La Divina Comedia de Dante, pues mientras el genio florentino ve la vida terrenal desde las alturas de la vida celeste a la luz de los novísimos – muerte, juicio, infierno y gloria -, sin embargo el genio manchego sigue el camino evangélico por las encrucijadas de este mundo sin esperar más recompensa que el honor de haber intentado alcanzar el ideal, sin que los intentos se viesen cumplidos nada más que en su corazón de caballero andante, síntesis de la gigantesca labor civilizadora y quijotesca de España por más de medio mundo, incomprensible para otros pueblos europeos con visiones más mercantiles y especulativas de sus gestas civilizadoras, muy inferiores en el orden espiritual a la española, por más que esas potencias europeas pusieran tantísimo empeño en inventar La Leyenda Negra de España, una patraña que tanto daño nos ha hecho a los españoles, haciéndonos cargar sobre nuestras espaldas con un complejo de culpabilidad por culpas ajenas más que propias, y teniéndonos con la cabeza gacha para impedir que nuestros ojos viesen las glorias de nuestras hazañas, lo que a la larga ha sido sobre todo muy dañino para los pueblos hispanos, que, por tragarse sus embustes, acabaron postrados a los pies de las mismas potencias que urdieron la leyenda negra.

Una labor civilizadora la de España comparable a la de Grecia y Roma, y evangelizadora como no se ha conocido otra. En mi caso particular el cristianismo a mí me llegó combinado con una finura de espíritu que nada tenía que ver con finezas ni delicadezas, sino con la blancura quijotesca de las casas enjalbegadas de mi pueblo, con las estrecheces y privaciones, y con una religiosidad popular a la intemperie sin más abrigo que el trabajo duro de sol a sol y a pan y tomate, en la que el rezo, el amor y la abnegación iban cogidos de la mano del refranero y la historia sagrada, representada en estampas e imágenes y celebrada con novenas y procesiones y, sobre todo, puesta en práctica con la quijotada de a Dios rogando y con el mazo dando, y tornada la oración en suspiros como: ¡Ay, Jesús! ¡Dios mío! ¡Ay, Señor! o ¡Lo que Dios quiera! Mi catequista, entre suspiro y suspiro, hacía una mezcla tan proverbial de refranes con la historia sagrada que, según la oía, yo tenía para mí que los personajes bíblicos hablaban con deje manchego, vestidos Noé, Abraham, Jacob, Moisés y Salomón con pantalón de pana, calzados con abarcas, y cubierta la cabeza con boina o pañuelo goyesco, y Sara, Rebeca o Judit vestidas de negro riguroso como las mujeres de mi pueblo, con la cabeza tapada con un pañuelo, con refajo, pelerina, mandil y faltriquera. Ni siquiera cuando mis ojos infantiles contemplaban al Santo Cristo del Prado, patrono de mi pueblo, clavado en la cruz con el sayal y el lábaro de terciopelo bermejo bordados en oro, y sobre su cabeza las tres potencias doradas resplandecientes como el sol, yo no podía evitar, después de oír al señor cura párroco explicar los domingos el evangelio, el ver a Jesús como a un carpintero de mi pueblo, con faja encima de la camisa de banda larga con varias vueltas a la cintura, con chaleco, blusa y gorra de visera, rodeado de los apóstoles con boinas caladas, y a la Virgen escardando, vendimiando, cultivando la huerta o recolectando aceituna como, tras pasar muchísimos años estudiando la Biblia, dejé plasmado en un libro de requiebros a la Virgen, titulado "Loas a María", en fin, un cristianismo lleno de candor, pleno de hermosura, atiborrado de dicha, y feliz hasta los topes de ver lo que mis ojos veían y de oír lo que mis oídos oían...

Y aquel niño que fui sentía en su tierno corazón hondos deseos, que con el correr de los años se convirtieron en vocación, de ser como el cura que decía en la Iglesia hermosos sermones, y de ser como el coplero que en la plaza gritaba versos tan maravillosos. Que me corrijan mis paisanos de mi misma edad si me equivoco, debía correr el año de 1953, y por lo tanto yo tenía unos siete añitos, cuando cayó en mi pueblo una nevada grandísima y con los copos tan cuajados que la nieve tardó varios días en ablandarse, de manera que en las tejas de los aleros de los tejados de las casas se fundieron unos largos chapiteles que tardaron no sé cuántos días en derretirse. Con el blancor de la cal de las tapias, fachadas, chimeneas y caballetes, el manto de nieve que cubría los tejados y los suelos de los corrales y calles hacía que la blancura del pueblo fuera apoteósica, como si una obra de teatro clásico estuviera a punto de comenzar su representación sin que su autor la hubiese escrito todavía, y los personajes campando a sus anchas por un escenario ilusorio sobre una estera nevada blanquísima: el gorrión dando saltitos sobre el armiño de los tejados, la paloma volando sobre el nacarado cielo, y en el corral los conejos pisoteando el níveo suelo, el gallo exhibiendo orgulloso sus colores plateados a las gallinas con plumas camufladas en la albura, las mulas quietas como estatuas ante la impoluta blancura, la cabra brincando sobre los haces de sarmientos canos, el cerdito moviendo su hocico para oler los copos, los carros como si llevasen pegada harina candeal en sus varales, mi padre haciéndome entre la cuadra del gorrino y la cerca de los conejos un muñeco de nieve casi tan alto como yo

101

ante el asombro de mis ojos, mi hermana que tendría dos añitos dando titubeantes pasitos sobre la seda glaseada de la nieve, y mi madre avivando las brasas del fogón para que hirviese el cocido en el puchero y cogiendo del horno unas ascuas para prender el cisco del brasero, el humo que salía por la chimenea y subía dando tumbos hacia el cielo por entre el tul agujereado de la nieve que seguía cayendo, y por la calle los niños saltando a la pata coja y cayéndose sobre la pista helada de las aceras, un borriquillo dando coces a las bolas de nieve que le tiraban unos niños, y la ancianita que, embozada en un mantón, iba repitiendo como una gramola: Año de nieves, año de bienes…

Por esos días el maestro me mandó aprender de memoria un romance, estoy por afirmar que de García Lorca, y mi alma se metió en una hondonada de bellezas de las que ya nunca pudo salir. Y a las pocas semanas fue a la escuela el cura monillo (modismo que se usa con frecuencia en mi pueblo para referirse al más pequeño, y que aplicado al coadjutor significaba el cura jovencito, recién salido del seminario, a diferencia del párroco que solía ser mayor), y nos habló a los niños del evangelio de la elección de los apóstoles por el Señor, diciéndonos que un día también Jesús le llamó a él, y que por eso era cura, y cuando de sopetón al final nos espetó que el Señor también quería llamarnos a alguno de nosotros, a mí me entró un temblor de piernas muy parecido a cuando el maestro decía: Pepito, sal a la pizarra.

…Los años han pasado, y ahora que en lontananza miro hacia atrás para reconocerme en aquel niño, lo cierto y verdad es que en la vida he sido casi tan poquita cosa como él: un humilde sacerdote y un modesto poeta, como humildes fueron mis padres, y modestas las gentes de mi pueblo, aunque para decirlo bien un sacerdote poeta a demasiados siglos de distancia del Mester de Clerecía, cuando la poesía, las comedias, el pensamiento y las artes iban cogidos de la mano de los clérigos que, empujados por el buen humor cristiano, recorrían las aldeas, las villas y las ciudades regalando a las gentes rimas y sentencias de factura impecable porque, qué pena que lo hayamos olvidado, la musa es la mejor guía del intelecto para que las almas se aquerencien con lo bello y con lo bueno, y den al traste con la bajeza y la mediocridad, las verdaderas causantes de la decadencia de los pueblos.

Sin embargo a mí me tocó vivir unos tiempos – la segunda mitad del siglo XX y los comienzos del siglo XXI – en que por lo menos en España los clérigos y los artistas como poco se miraban de reojo, como si el encono que durante los tiempos modernos se fue acumulando, hasta llegar en más de una ocasión a la lucha a muerte, entre las ideologías ateas y la iglesia, supurase más virulentamente por el arte que por la filosofía incluso. El sacerdote que osara ser poeta tenía que cuidarse mucho de llevar una doble vida, para dejar muy claro en uno y otro lado que no era lo que era, y en el mundillo artístico dejarse de versículos a no ser que fueran malditistas, renegados o heterodoxos en fondo y forma o simplemente esteticistas sin más, y en el mundillo eclesial dejarse de versos, a no ser que fueran, o piadosos para consumo tradicional, o comprometidos con la teología de la liberación para consumo progresista. En la Iglesia no se veía como algo serio que un sacerdote escribiese versos, y entre los artistas se consideraba sospechoso que un poeta fuese sacerdote confeso, a no ser que el sujeto fuese ambidextro, quiero decir que contase con el don de la palabra mimética para que lo católico adoptase todos los parecidos, virtud o cualidad muy premiadas con tal de que lo cristiano se pareciese a todo, a todo lo que estuviese de moda en el mercado de los gustillos postmodernos y multiculturales. Si bien, en lo que se refiere a mi caso, tengo que confesar que nunca me faltaron ni los apoyos en la Iglesia ni el aliento de no pocos poetas para poder, si no esquivar, al menos sobrellevar tan chuscas dictadurías...

En fin, en el siglo de la libertad todo menos ser libres, y si nadie fue tan apaleado por serlo como el Quijote, es natural que el sacerdote poeta lo sea por su doble condición: Si las mayores dichas de mi vida las viví en las mesas del altar y del escritorio, celebrando los Divinos Misterios, y leyendo a los grandes maestros o escribiendo mis escritos, parece lo normal que también en esas mesas cumpliera yo las penitencias propias de un escritor católico, aunque tengo que confesar que fueron penitencias más privadas que públicas, debido a que fui un poeta casi anacoreta, apartado de las glorias literarias, y un sacerdote a pan y agua de beneficios eclesiásticos. Tal vez a causa de la cazurrería manchega, mezcla de ignorancia, picardía y astucia, lo cierto es que a mí mismo me sorprende lo tuno y perillán que fui para ser capaz de salir de la lectura de los literatos, filósofos y exegetas bíblicos de los dos últimos siglos con mi fe cristiana indemne e ilesa. A mí me parece un milagro, casi comparable al de los niños de Lourdes y Fátima, que aquel niño manchego que nació y creció en un catolicismo natural de casas blancas y de huertas, sembrados, viñedos y olivares, después de leer el Fausto de Goethe, para quien el mal es el muelle que mueve el mundo, o a un Hegel para quien el hombre tiene que pecar o conocer el árbol del bien y del mal, o a los satanismos literarios y poéticos de un Byron, de un Vigny, de un Baudelaire o de un Lautréamont…, para quienes el mal y su príncipe Satán son los únicos capaces de conceder al hombre la omnipotencia, y no digamos, cuando siendo yo estudiante de teología, me tocó hincar el diente al hueso duro del estudio de la Biblia, en particular del Nuevo Testamento, según el método de la "Historia de las Formas", conocido con la palabra alemana "Formengeschichte", cuyas teorías desmitificadoras fueron la causa de la pérdida de fe de muchos seminaristas, sacerdotes y religiosos de mi generación, el que yo sin embargo me haya mantenido firme en la roca de la fe, sin que por mi parte tenga conciencia de haber utilizado ardid ni artimaña ni engaño intelectuales algunos: Lo mismo he derrochado toda la poesía de la que he sido capaz en el púlpito, como he cantado en verso a la Virgen o a Dios, sin que por ello haya dejado asimismo de dar a conocer de palabra o por escrito mis gemidos existenciales y mis dudas metafísicas sin pedir a nadie el *nihil obstat* ni siquiera a la todopoderosa familiatura laicista.

Lo cual que sólo me resta dejar mis escritos y mi labor sacerdotal al veredicto de los que me leyeron y me trataron pues, creo que me daréis todos la razón en esto, yo ya ni estoy para vanidades, ni para pedir árnica, ni para ir a contrapelo de nadie. Quise ser libre como el viento, pero sólo para dar rienda suelta a mis dos vocaciones, la religiosa y la artística, sin ser guerrillero ni contraguerrillero en escaramuza alguna que no fuera en buena lid con la palabra, de Dios y del Alma, lo que, como es fácil de suponer, me acarreó muchas derrotas, y me llevó a cantar pocas victorias, pero que me agenció también grandes disfrutes en mi vida: los placeres solitarios de la lectura y de la escritura, de la meditación y de la oración, y del cultivo de la amistad, sin que yo recuerde haber tenido ningún amigo falso, tal vez porque hay que ser muy tonto para no olerlos a distancia, como tampoco ningún amigo influyente al que yo le haya pedido nunca que me aupara al candelero ni él me haya ofrecido otro favor que la amistad sin más. Y creo que no me engaño si digo que he contado con muchas buenas amistades, tanto en la iglesia como por todos los lugares donde me colocó la vida, en el pueblo donde nací y me crié, y luego a donde salí a estudiar, en Toledo, Comillas, Sevilla, Salamanca y Roma, y después en los lugares donde ejercí, por Toledo en Navalucillos, Alares, Valdeazores y Cobeja de la Sagra, y por Madrid en el Oratorio de San Felipe Neri de Alcalá de Henares, Torrejón de Ardoz, el Colegio de la Safa, la Clínica de la Concepción, y el barrio de Moratalaz sobre todo en la Parroquia de Nuestra Señora de la Montaña donde pasé el mayor número de años de mi vida. A todos ellos les acepto, porque es la pura verdad, el reproche de mi excesivo ensimismamiento en mis cosas, y digo cosas porque creo que nunca he tenido en mi vida asuntos importantes, sino sólo todas estas cosillas de las que acabo de hablar en este Testamento Espiritual que está llegando a su fin. Sin ánimo de escurrir el bulto, simplemente vuelvo a repetirles lo que todos ellos ya saben, que mi reclusión y apartamiento en ningún caso, lo juro, han sido alejamiento ni desafecto hacia ellos, sino el precio que he tenido que pagar, sobre todo según me iba haciendo más viejo, para que mi menguado talento se concentrase al cien por cien en lo suyo, mayormente por lo propenso que ha sido siempre a los apagones, y sobre todo por el temor a su apagón repentino y definitivo. Sólo he hecho dos excepciones: con mis padres y con mis parroquias, por quienes he dejado todo para atenderles como es debido en lo que he podido y más. A todos mis amigos pues mi más profundo y sincero agradecimiento, pero de un modo muy especial a dos de ellos, a Victoria y a Adolfo: A Victoria Mora López que, desde muy niña hasta su vejez, con mucho trabajo y sacrificio hizo de piedra angular para que el frágil edificio de mi familia, por las muchas enfermedades de mi padre y dolencias de mi madre, medio se sostuviese en pie, y mi hermana y yo pudiésemos salir adelante; y a José Adolfo Herrera Barrigón, porque desde mis años de estudiante de teología, así como durante todos mis años de sacerdocio fue, con su apoyo y comprensión sin límites, la clave para que yo pudiera, si no cerrar, al menos medio rematar el arco y la bóveda de mis dos vocaciones, la de sacerdote y la de poeta, pues, como ya dejé dicho, son dos vocaciones que tienen su intríngulis para poder compaginarlas.

A todos os pido una oración por mi alma para que, purificada de sus culpas, pueda disfrutar lo antes posible de la Visión Beatífica, y que mis ojos al fin contemplen cara a cara a Cristo y a la Virgen, a quienes tanto amé en vida. Mi ilusión es que Dios me conceda estar en la región quijotesca del cielo, junto a la sobrina, al ama, al bachiller, al cura y al barbero, para, cogido de sus manos, tener la entrada fácil y visitar de punta a punta la Mancha Celeste, y allí oír al Quijote recitar sus discursos sin los prejuicios que se tienen en la tierra, e invitarle a venir a mi casa celestial del pueblo, y sentados en el porche de la portada, con las golondrinas volando sobre nuestras cabezas, leerle los versos que no fui capaz de escribir en mi vida terrenal, mientras sentada en una silla baja mi madre zurce los rotos de las ropas, mi padre trajina en el obrador y sale al corral a coger leña para el horno, y mi hermana juega con una muñequita de trapo entre el cloquear de las gallinas y el quiquiriquí del gallo, sin que nunca jamás nos tengamos que volver a decir adiós, porque en la Mancha Celestial la muerte ya no existe como en la Mancha Terrenal de marras:

...No más, Sancho, dijo a este punto el Quijote... lo que has dicho de la muerte por tus rústicos términos es lo que pudiera decir un buen predicador... pero yo no acabo de entender ni alcanzar cómo siendo el principio de la sabiduría el temor de Dios, tú, que temes más a un lagarto que a Él, sabes tanto... (II, 20)

. . .

...Y una de las señales por donde conjeturaron se moría fue el haber vuelto con tanta facilidad de loco a cuerdo... (II, 74)

. . .

TESTAMENTO ESPIRITUAL
escrito a los 62 años de edad en Madridejos
en el porche de la portada de la casa solar de mis padres
sita en la calle Cervantes 20
durante la segunda quincena del mes de Agosto de 2008
haciendo mío
el Ex Libris de la Primera Edición del Quijote
cuyo lema reza
SPERO LUCEM POST TENEBRAS

Escudo del impresor de la primera edición
del "Quijote"

Testamento Espiritual depositado
en las Vicarías Episcopales
del Clero y en la Territorial III-Este
del Arzobispado de Madrid

Anno Domini - MMVIII

En memoria

Donde la Mancha

A José Mascaraque, maestro, amigo.

Fueron materia de un libro escrito, bajo el signo de cielos tan grises como espesos, en un tiempo pasado. *Horas populares en la intimidad*, impresas en páginas sobrias con un esforzado ciclostil. Versos cordiales que daban noticia de un lugar, donde hay álamos cuyas raíces se clavaron firmes, como puñales, en suelo austero. Árboles de una edad que ya nadie recuerda. Un lugar con olor a grano limpio, a chorizo, a azafrán, a gachas de pastor, a vino que reconforta huesos y alma; un lugar en el que a veces el reloj implacable se toma un respiro, donde el sol, cuando declina en el crepúsculo, adquiere un color rojo sandía, de sandía manchega.

Eran versos hilvanados por un profesor heterodoxo que traía consigo el aliento de pensadores marginales, cineastas censurados, poetas malditos…, pero también el de hombres y mujeres que con ímprobo esfuerzo laboraban los campos infinitos de la Mancha, esa Mancha desnuda, sin secretos (o quizá sí), expuesta al viento, al sol, a la luna.

Versos de un poeta manchego que delataban un lugar, para el que una voz reivindicó antaño ser cuna del universal don Miguel. Donde, ahora, en una casa solariega asentada en pueblo de nombre palpitante, Madridejos, un poeta de verso certero y reflexión profunda se resguarda durante el pertinaz estío, entre el frescor que otorgan los muros de un patio que juega al sol y sombra. Allí lee, allí escribe sus versos un poeta manchego, un artesano del verso, que entregó su saber hecho poema y prendió la llama de la palabra en odres nuevos. Un poeta manchego, nacido al amparo de su tierra eterna: Madridejos. Donde un lugar de la Mancha, o sea.

Horas populares en la intimidad, título del primer poemario de Pepe Mascaraque, se imprimió con ciclostil en 1971 en el Pontificio Colegio Español de San José de Roma.

Francisco J. Castañón

En la muerte de José Mascaraque

Teníamos que llegar adentro, y cómo.
Es volar tan natural como morir…

Bien sabes tú que has regresado, pero
¿se trata del zaguán de siempre y el patio deseado?
¿Y es tu madre aquella mariposa blanca?
Y las manos que parten el pan ¿del padre, entonces?
¿Se ha cerrado el retorno y el ayer
pudo, bajando de la acera a la calzada
en la calle Cervantes, adelantar al mañana? ¿Podemos creer eso?
¿No desbarata el enigma más puro a los más ricos
en fe? Yo no me atrevo
a acercarme a ese umbral, tanta miel de niñez,
tanto sol de La Mancha indicando la salida
del estrecho pasillo. Las cautelas de santos
minusválidos ¿ayudarán en el trance?
¿O tantos versos a la Virgen María
no caben ya intactos en ningún bolsillo?

Tantas preguntas… Éramos casi niños cuando ibas enseñándonos
las arduas artes de la pregunta —luego ya no pudimos deshacer
esa entrega. Habríamos leído por entonces
La destrucción o el amor, habríamos chocado
contra la limpia exigencia de una nube.

Éramos casi niños y ya interlocutores
de la barbada sabiduría de los siglos, de la risa
vivaz y socarrona que rodaba por algunas
calles de Madridejos. Pudimos atisbar un mundo sin veneno.
¿Eso nos entregaba a la debilidad? No:
surgían siempre otros solsticios posibles,
otras enredaderas, emparrados
con las uvas más dulces. Sólo cabe dar gracias.

Ahora en soledad nos dejas solos:
toca inventar quizá de otra manera
formas de respirar. Teníamos que llegar adentro. Y cómo.
Volar: tan natural como morir.

Pepe Mascaraque murió el 19 de julio de 2023,
pocos días antes de cumplir 77 años

Jorge Riechmann